저의 따듯한 이음 자리를 내드립니다.
꽃잎을 따듯이 풋풋하게
　　　　읽어주시기 바랍니다.

　　　　　　　2025, 월

　　　　　　　김소희 드림

늦은 꽃, 그 옆자리

제46차 기획시선 공모당선 시집

늦은 꽃, 그 옆자리

시산맥 기획시선 150

초판 1쇄 인쇄 | 2025년 6월 2일
초판 1쇄 발행 | 2025년 6월 5일

지은이 김소희
펴낸이 문정영
펴낸곳 시산맥사
편집주간 김필영
편집위원 최연수 박민서
등록번호 제300-2013-12호
등록일자 2009년 4월 15일
주소 03131 서울특별시 종로구 율곡로 6길 36. 월드오피스텔 1102호
전화 02-764-8722, 010-8894-8722
전자우편 poemmtss@naver.com
시산맥카페 http://cafe.daum.net/poemmtss

ISBN 979-11-6243-593-9 (03810) 종이책
ISBN 979-11-6243-594-6 (05810) 전자책

값 12,000원

* 이 책은 전부 또는 일부 내용을 재사용하려면 반드시 저작권자와 시산맥사의 동의를 받아야 합니다.
* 이 책은 교보문고와 연계하여 전자북으로 발간되었습니다.
* 본문 페이지에서 한 연이 첫 번째 행에서 시작될 때에는 〈 표기를 합니다.
* 저자의 의도에 따라 작품의 보조 동사와 합성 명사는 띄어쓰기가 달라질 수 있습니다.

늦은 꽃, 그 옆자리

김소희 시집

| 시인의 말 |

서로 닿지 못한 말들이 있다.
너무 멀어서, 너무 가까워서
혹은 서로를 알아차리지 못한 채
그저 지나쳐버린 말들.

(이음)은 그런 말들의 손끝을
살며시 맞잡아보려는 시도다.

처음엔 하나의 시로 시작한다.
그러다 보면, 그 곁에
조용히 기대고 싶은 또 다른 이야기가 생겨난다.

전혀 다른 결을 지녔지만,
그늘이 되거나 떨림이 되거나
가끔은 조용한 웃음이 되는 말들.

두 편씩 짝을 맺고 나니,
세상은 언제나 둘로 살아가고 있다.

꽃과 뿌리, 질문과 대답,
고백과 침묵, 사랑과 이별, 생과 사….

반대편에서 마주 오는 모든 것은
결코 반대가 아니다.
서로를 비추는 거울이자,
완성되지 못한 문장의
나머지 절반이다.

(이음)이
누군가에겐 마주 보는 두 창처럼,
말없이 바라봐주는 눈이 되어 주기를.

끝내 흩어지지 않고,
이음의 선 하나로 이어져
당신의 하루 곁에
조용히 머물 수 있기를 바라며….

2025년 늦봄, 김소희

| 이음을 여는 글 |

하나는 외롭지 않기 위해 둘을 불렀고
둘은 서로에게 닿기 위해 틈을 남겼다

멀리 있는 말들이
천천히 서로의 어깨를 붙잡는다

그러다 마침내
하나의 이름으로 조용히 선다

■ 차례

1부

닿지 못한 사랑	파도는 바위에 연애 중이다	14
	바위는 파도를 사랑할 수 없었다	16
머뭇거리는 피어남	늦은 꽃의 자리	17
	늦은 꽃, 그 옆자리	19
고개를 들던 날들	사춘기	21
	기울던 여름	23
같은 땅, 다른 뿌리	흙수저	25
	금수저	26
기억은 잠그고, 상처는 연다	잠긴 기억	28
	열린 상처	29
틈에서 피어난 생	틈 속	31
	틈새	33
온기를 기억하는 방식	슬픔 없는 집은 없다	35
	기쁨 없는 집은 없다	36
네 곁에 있는 어둠	달 등	38
	달 곁	40
끝과 시작의 온도	완전한 이별	42
	완전한 사랑	43

2부

비켜주지 못한 거리	갓길 없음	46
	비켜주지 못한 마음	48
눈 속에 피는 마음	눈 내리는 동안만	49
	나는 기억 속 그대였다	50
서로를 덮는 초록	초록의 숨결	51
	같이 자라는 중	52
유해한 존재들	고라니의 탄식	53
	유해하지 않은 우리들	55
피어나는 시간	늙은 소녀	57
	꽃물	59
이름 없는 사랑	준비된 사랑	60
	묻지 않는 풍경	61
한 모의 시작	모(毛)내기	62
	모(秧)내기	63
다른 문을 열다	암(暗)	65
	옥상일기	67
이제 내가 잡고 있다	엄마와 고등어	68
	아빠와 자전거	70
놓아주는 일	이별 중	71
	이사 중	72

3부

빗속의 두 세계	장마	76
	비 오는 날의 점심	78
잃어버린 것들의 반격	리모컨 너 어디 있니?	80
	핸드폰 너 어디 있니?	83
겹겹의 시간, 다시 스며들다	묵은 벽	85
	낡은 집, 다시 숨 쉬다	87
머무는 흐름, 사라지는 자리	흩어지고도 남는 것	89
	남고도 흩어지는 것	91
밟히며 피어난다	꽃잔디	92
	땅 위의 별	93
버려진 적 없는 것들	실뭉치	94
	그늘에서	96
굳음과 젖음 사이	콘크리트	98
	숨의 바닥	99
기억에 남은, 이름 없는 방	불륜	101
	이별 없는 이별	103
느리게 걷는 별들	달팽이는 목적 없이 걷는 게 아니다	105
	출발선에서	106

4부

같은 꽃, 다른 걸음	환한 길을 밟고	110
	가지 않음에 대하여	112
붙잡은 손, 물려진 마음	엄마의 유산	114
	믿음으로	116
기다리는 눈동자	우사의 우정	117
	우사의 빈자리	119
창을 닦는 시간	유리창 일기	121
	물비늘의 창	122
묵음의 들판	씨앗은 아무 말도 하지 않는다	123
	들꽃이 본 세상	125
눈보다 먼저, 너보다 늦게	추억은 눈보다 먼저 녹는다	127
	창가로 다가온 풍경	129
묘생 유전	간택된 자의 일기	131
	집사의 사용설명서	133
달의 안과 밖	달 속	135
	달 밖	136
잠시 머문 흔적	나는 강물이었다	137
	나는 바람이었다	139
계절의 손을 잡고	봄날을 지나며	141
	가을빛에 기대서	143

닿지 못한 사랑

머뭇거리는 피어남

고개를 들던 날들

같은 땅, 다른 뿌리

기억은 잠그고, 상처는 연다

틈에서 피어난 생

온기를 기억하는 방식

네 곁에 있는 어둠

끝과 시작의 온도

1부

닿지 못한 사랑

파도는 바위에 연애 중이다

그는 언제나
등을 돌린 채
침묵으로 나를 맞는다

나는 하루에도
수없이 밀려가
그 무릎에 부서지고

계절이 바뀌는 동안에도
이름을 부르며
온몸으로 껴안고는
밀쳐졌다

불타던 심장
하얗게 흩어지고

오늘도 여전히
그를 향해
쏟아진다

이 사랑은
머무르기 위한 것이 아니라
부서지기 위한 것임을
〈

알면서도
멈추는 법을
끝내 배우지 못한다

바위는 파도를 사랑할 수 없었다

그녀는 매번
나를 부르며 달려왔다

나는
제자리에 선 채
그 뜨거운 고백을
밀어내야 했다

받아들이는 순간
무너질 것 같아
침묵으로만 대답했다

껴안고
부서지는 그녀를
끝없이 외면할 때
조금씩 깎여가던 마음

사랑하지만
받아줄 수 없는
참담한 나의 고백을

그녀는 끝끝내
알지 못했다

머뭇거리는 피어남

늦은 꽃의 자리

꽃이 피는 건
참지 못한 것들이
조용히 터져버린 거야

햇살에
부서진 살결
겨울을 견디며
스스로에게 삼킨 말들

아직 틔우지 못한
어린 꽃눈처럼
환한 날일수록
그늘은 또렷해져

흔들렸던 시간들
길 위에 쌓인
계절들 앞에서
발끝이 얼어붙던 날도 있었지

그래도 피어야 해
머뭇거리며,
내 온도를 알아가는 거니까

가장 먼저 피었던

몽우리는
짧은 봄을 서둘러 떠났고

늦게 열린
꽃송이 하나,
만개한 중심에서
절정을 피워냈다지

늦은 꽃, 그 옆자리

나는
끝내 피지 못한 채
봄을 앞둔 바람 속에서
조용히 시들어 갔다

계절이 지나도
내 안의 꽃눈은 열리지 않았고

햇살이
내게 주는 따뜻함은
늘 머뭇거렸다

하지만 나는 알았다
너의 만개가 오기까지
얼마나 긴 기다림이 필요했는지를

그 시간의 끝에
내가 잠시라도 있었다는 걸

누구도 기억하지 않을 자리
그러나 꼭 필요한 구석

너를 향한 빛이
더 선명해지도록

그늘을 감당하던
조용한 몽우리 하나

나는
그 절정의 옆에서
가장 묵묵한 조연으로
내 몫의 계절을 다 써버렸다

고개를 들던 날들

사춘기

햇살은
들판 위로 내려앉고

벼들은
어깨를 나란히 하며
서로의 푸름을
가늠하고 있었다

풀벌레는
아직 숨을 죽이고
태양을 머금은 바람은
등을 스치고 지나간다

한 번도
낮아진 적 없는
무른 알갱이들이
하늘을 닮고 싶어서
흙을 딛고
푸르게
목을 빼올렸다

그 언저리
삐딱하게 선
벼이삭 하나를 보았다

〈
숙일 줄 몰라
더 눈부신

그 여름
벼는 사춘기였다

기울던 여름

삐딱하게 서 있던
벼이삭 하나를 기억한다

들판이
푸름으로 가득 차
시선을 붙잡던 아이

숙일 줄 몰라
눈부시게 빛나던
그 여름의 반항

그 몸짓을
멈추게 할 수는 없었다

무르익지 못한 것들은
언제나 더 먼저
바람에 흔들리지만

햇살을 온몸으로
받아낸 기억은
누구보다 크고 단단했으니

시간이 지나
모두가 고개를 숙인 날

그 아이도
조용히 몸을 기울였다

바람이 불 때마다
흔들리던 자리에서
누구보다 먼저
마음이 여물던
그 사춘기

나는
두 손 모아
오래도록 식지 않을
그 여름을 받았다

같은 땅, 다른 뿌리

흙수저

달리는 것만
허락된 땅

철로 틈
겹겹이 눌린 돌 사이로
잡초 하나가 피었다

발자국도
무수한 바퀴도
그 생을 피해 지나갔다

길이 아니어도
뿌리는 자랐다

작은 틈에도
세상은 열렸고

흙은 묻지 않았다
너는 왜
여기 있느냐고

금수저

길 위엔
꽃들이 자란다
이름이 붙고
손길이 닿고
누군가의 축복 아래 선다

자라는 것과 피는 것은
항상 함께 오지 않았다

햇빛은 매일
같은 각도로 쏟아졌고
뿌리는 늘
단정히 정리되었다

그 자리는
금지도 허락도 없이
질서 속에 길들여진
존재만이
무표정하게
서 있었다

살았다고 말할 수 없는
살아 있는 것들이

〈
틈 밖의 세상을
채우고 있었다

기억은 잠그고, 상처는 연다

잠긴 기억

한때
가장 조심스러웠던 손길이
나를 닫았다

그 후로
시간은 문턱 아래로
녹을 흘렸다

아무도
나를 다시
열지 않았다

빛도, 바람도
오래 잠긴 이름을
녹이지 못했다

나는
스스로 갇힌 채
잠겨 있는 중이다

기억이 아니라
상처를 품은
낡은 마음의 모양으로

열린상처

오래된 서랍을
다시 열었다

금속 냄새 가득한
작은 열쇠 하나
네가 떠난 뒤에도
버리지 못했다

자물쇠 앞에 설 때마다
망설였다
열면
기억이 아니라
상처일까 봐

그래서
돌리지 못한 채
쥐고만 있던 어느 날

툭—
묵은 기억 하나가
서랍 안 깊숙한 곳에서
오래 접힌 종이처럼
떨어져 나왔다
〈

말없이
한 장의 손편지가
다시 나를 바라보고 있었다

틈에서 피어난 생

틈 속

빛이 닿지 않는
벽 틈이었다

물도 없고
바람조차
스치지 않는 곳

누구도
거기서 무언가가 자랄 거라
기대하지 않았다

나는 민들레
조용히 피어났다

누구에게 보이기 위해서도
불려지기 위해서도
아니었다

그저
나의 존재가
무너지지 않도록

갈라진 틈 속에
뿌리를 밀어 넣고

조금씩 몸을 세웠다

피어난다는 건
견딘다는 뜻이라는 걸
그곳에서 알았다

틈새

나는
단단하고
균열 없는 벽이었다

한때는
무언가를 막는 일에
의미를 두고 살았다

갈라지지 않으려
늘 조심했고
감정을 허락하지 않았다

그런 나를
누군가가 뚫었다

비좁은 틈 하나
조용히 흔들리더니
그 속에서 꽃이 피었다

말이 없어도
그 노랑이
햇살을 끌어안는 걸 보며
알았다
〈

내가 지켜낸 것보다
내가 내준 틈 하나가
더 많은 생명을
품고 있었다는 걸

온기를 기억하는 방식

슬픔 없는 집은 없다

대문을 열면
스쳐간 풍경이
바람결에 머문다

햇살 틈에 깃든 그림자
끊긴 노래의 울림이
아직 식지 않았다

정겨운 웃음 뒤에 감춰진
그늘진 계곡의 메아리
쓰러진 잔 사이로
흐르는 침묵

사랑과 상실이 짜낸 결
저마다의 체온으로
문턱을 넘는다

그럼에도,
희미한 빛 하나
문 너머로 번져 가기를

슬픔 없는 집은 없다
다만,
그 슬픔은
조용히, 명랑을 지나간다

기쁨 없는 집은 없다

덜 마른 수건에서
눅진한 냄새가 피어나고

사진 속 웃음은
없는 사람을 닮았다

마루 끝,
아버지의 구두 위에
먼지가
말없이 시간을 쌓는다

지워지지 않는 그림자들

적막한 식탁 위
작은 손
혼자 숟가락을 든다

그래도,
불은 켜지고
된장국 냄새는
식탁을 다시 채운다

김 서린 창에
어린 손바닥

조심스레 찍힌다

찻잔 하나엔
식지 않은 마음이
아직 놓여 있었다

이 집은
누군가의 마음으로
매일, 다시 살아난다

기쁨 없는 집은 없다
다만,
기쁨은
자주 울음을 지나온다

네 곁에 있는 어둠

달 등

항상 같은 얼굴만
내어주던 달이었다

한쪽만 비춰야
사랑받을 수 있다는 걸
알았기 때문에

말없이 빛나며
누구의 고요도
방해하지 않았다

그렇게
모두의 밤을 지켜냈지만

자신의 뒷면엔
울음이 굳은 바다 하나
조용히 출렁이고 있었다

먹구름이
장막 치는 날이면
달은
홀로 돌아서
천둥소리로 울부짖으며
〈

밤새 내린 울음이
대지 위를 흘러
깊어져 갔다

달 곁

언제나
같은 쪽만 비춰야 했다면

그 반대편엔
얼마나 많은 밤이
고여 있었을까

사랑받기 위해
조용해진다는 건
사랑이 아니야

그늘진 속을 몰라주는
모두의 눈길 속에서
스스로 밝아야 했던 너

세상이 등을 돌려도
달은 스스로를 끌어안고
다시 떠오른다

나는 그냥
네가 등을 돌릴 수 있는
어두운 허공이
되어 줄게
〈

밤의 끝에서
울지 않기 위해
또 한 번
환해지는 너의 곁에서

끝과 시작의 온도

완전한 이별

그리움이
아득해지기를

더는 마음에
흔적 하나
남지 않기를

외로운 빛의 평화가
다시
나를 감싸 주길

그를 알기 전의
고요 속으로
가라앉아

생각조차 닿지 않는
무색의 안도 속에
한 점 바람조차 없는
완전한 이별

완전한 사랑

그가 떠난 자리에
햇빛이
오래 머물렀다

나는
창을 닫지 않았다

바람이 불면
바람을 맞고

그늘이 지면
그 그늘에 앉았다

사랑이 끝났다는 사실도
사랑처럼
그저 받아들였다

비켜주지 못한 거리

눈 속에 피는 마음

서로를 덮는 초록

유해한 존재들

피어나는 시간

이름 없는 사랑

한 모의 시작

다른 문을 열다

이제 내가 잡고 있다

놓아주는 일

2부

비켜주지 못한 거리

갓길 없음

사랑은
내가 반 발짝 늦게 걷는 동안
네가 숨을 고를 수 있도록
걸음을 맞추는 일이었다

죽음은
함께 걷던 마음을
끝내 놓아주는 일
발끝에 맺힌
숨결 하나를
묻고 가는
저녁이었다

아버지가
조용히 멈춰 섰을 때
그 자리에
길 하나가 생겼다

꿈은
끝까지 밀고 가는 게 아니라
가장 조용한 벽에
귀를 대보는 일이었다

내 말이

그림자를
막고 있었다
그날 나는
침묵이라는 골목 끝에서
조용히 돌아섰다

우린
부서지지 않기 위해
멈추는 법보다
휘는 법을 먼저 배웠다

갈비뼈처럼
스스로를 감싸며
안쪽으로
천천히 기울었다

비켜주지 못한 마음

그는
말없이 멈춰섰다
그 순간이
신호였다는 걸
나는
지나서야 알았다

나는
끝까지 걷는 게 사랑인 줄만 알았다
그가 내민
조용한 마음 하나
비켜주지 못했다

그 한 걸음이
이렇게
멀어질 줄은
몰랐다

눈 속에 피는 마음

눈 내리는 동안만

눈이 내리네

지나간 사랑의 아쉬움
눈송이로 피어난다

억눌러온 마음
차가운 눈결 속에 스며들고

지우려 했던 흔적
눈꽃에 차곡히 덮인다

얼었던 마음이 숨을 쉬고
깊이 잠든 사랑이
눈을 뜨고 꽃으로 깨어난다

사랑을 품고
흩날리는 삼월의 눈꽃송이

눈이 내리는 동안만
너를 떠올린다
눈이 멎으면, 그대
다시금 눈 속에 묻으리

나는 기억 속 그대였다

네가 나를 떠올릴 때마다
나는 다시 피어났다

창밖을 오래 보던 눈
입술 끝에 맴돌던 말
닿지 못한 손끝

그 모든 장면 속에
나는 있었다

잊히려다 남은 마음
덮으려다 드러난 눈빛

눈이 내리는 동안만
나는 네 안에서
잠시 피었다가
조용히 스러졌다

천천히 지워지고 있었지만
끝내 사라지지 않는
존재였다

서로를 닮는 초록

초록의 숨결

저 수풀들
왁자한 잎새들의 속삭임

땅 깊숙이 뿌리내려
비바람에 몸을 낮추고
까슬한 덩굴잎 맞대며
서로를 감싼다

빛을 품은 채
더 짙어지는 생명들

누군가 잘라낸 숲의 자리,
남겨진 뿌리들이
바람 없는 밤에도
떨고 있었다

그늘 속에서도
푸르게 손을 맞잡고
뜨거운 숨결로
세상을 덮는다

같이 자라는 중

바람 불 땐
조금씩 기울기도 하고

햇살이 뜨겁던 날엔
잎으로 서로의 그늘을 만들었지

덩굴 하나
뿌리 두 개
우리의 초록은
그렇게 서로의 얼굴에 번졌어

눈에 띄지 않아도
작은 숨들이 모여
세상을 덮고 있었어

지금도 우리는
같이 자라는 중이야

유해한 존재들

고라니의 탄식

고라니가 묻는다

우리의 땅을 좀먹고
양식을 빼앗으며
산을 깎아
집에서 내몰고

땅을 가르고
길을 막아
로드킬 당하게 하는

와우엑,
와우엑—

사랑하는 이를 부르는 언어를
왜
괴성이라 하는가

거짓도, 음모도
배신도, 욕심도
고발도, 폭력도
이기주의도 모르는 우리를

왜

유해하다 하는가

그렇다면,
당신들은
무해한 고라니인가

유해하지 않은 우리들

우리는
유해하지 않다

우리를 위해
무해한 것들을
없앨 뿐이다

도로를 낼 땐
먼저 땅을 밀고
산을 접고
소리를 삼킨다

누가 우는가
와우엑?
그건 소음이다

자연의 언어는
우리의 창문을
두드리지 않는다

유해한 건
너희가 아니라
우리를 방해하는 너희다
〈

그러니
죽든 말든
우린, 바쁘니까

피어나는 시간

늙은 소녀

골목길
버려진 듯,
근본 모를 화분

봉숭아 잎 따고 있는
빠른 손등에
떨림이
묻어 있다

희끗희끗한 머리칼
회색 별
수북하다

옛 기억이 부추긴 범죄
두근두근—
추억을
훔치고 있다

애잔한 그녀의 손끝
세월이 닳게 한
양심의 숨결

노인의 뒤에
나는

바람막이로 선다

오늘 밤,
늙은 소녀의 행복을 위해
기꺼이
공범이 되고 싶다

꽃물

봉숭아 잎
백반 넣고
꽁꽁 찧어
실로 칭칭
감쌌던 밤

그때의 달빛이
문턱까지 내려와
그날처럼
지켜보고 있었다

마룻바닥에 앉아
실을 감는 손끝마다
묵은 세월이
조용히
되감겼다

하룻밤 사이
할머니는
소녀가 되었다

열 손가락마다
묵은 봄이
다시 피어났다

이름 없는 사랑

준비된 사랑

나를 위해
아침 햇살을 걸어두었다
내가 눈뜨는 순간,
세상이 따뜻하길
바라는 마음으로

저 들판엔
들꽃으로 심어두었다
내가 머무르는 순간마다
향기가 피어나도록

밤이면
두둥실 달을 띄워
낯선 어둠이
내 길을 삼키지 않게

어떤 이름도 남기지 않고
모든 것을
미리 준비하신

그분

묻지 않는 풍경

산은
수없이 봄을 열었고

강은
늘 바다를 향해 흘렀다

나무는
새순을 몇 번이나 틔웠지만
단 한 번도
기다린 적은 없었다

모래는
발자국을 품으면서도
끝내
이름을 묻지 않았다

나는
한 계절을 다 지나서야
그 조용한 무심함이
가장 오래
나를 품었다는 걸 알았다

한 모의 시작

모(毛)내기

태풍의 눈,
정수리 가마에서부터
회오리치며 퍼지는
뒤엉킨 머리칼의 역사
미풍에도 한 생처럼 날아오른다

같은 번지수의 땅에서
풍작과 흉작이 일어난다

땅을 갈고, 거름을 주고,
비를 뿌려도 결코 자라지 않는
절망의 땅

오랫동안 버려졌지만
나는 포기하지 않는다

한 모, 두 모 줄 맞춰 옮겨 심는다
이 땅에서 저 땅으로

검은 뿌리 하나가
거친 땅을 꿰뚫고
버려진 황무지 위에
조용히 몸을 묻는다

모(秧)내기

팔을 걷고
논의 물속에
첫발을 들였다

젖는 건
언제나 기다리는 쪽이었다

흙은 말이 없었고
나는 하루치의 믿음을
등으로 심었다

한 모, 두 모
느린 숨이 줄을 만들었고
그늘 하나 없는 들판에
나는 조용히
따라 눕혔다

햇살은 독했고
비는
너무 늦게 울었다

하늘이 먼저 울고
그제야

뿌리가 들렸다

결실은
포기하지 않은 날들 위에
숨처럼
피어나는 일이다

다른 문을 열다

암(暗)

비켜라
나를 짓누르는 이름

저, 저리 비켜라
들리지 않는 절망아

결국 부서져 버릴
떠돌던 암이여

소리도 고통도 없는 그림자여
울부짖어라
너의 울음을 짓밟고
자물쇠 하나,
닫힌 문 뒤에 숨기리라

똑똑—
차가운 너의 눈물 같은 수액
자, 보아라
거기까지
너의 삶은
말라 비틀리고
흔들리며 시든다

돌아가자

어디쯤 어긋났던 숨을 찾아
내 옥상 텃밭의 안부를 묻고
물기 마른 풀잎 하나
손끝으로 다시 일으키리라

우리는 깐부.
아침밥 먹고
주섬주섬 소지품을 챙기던 시간

창백한 병실도
더 이상 나를 묶지 못하고
나는 이미
다른 문을 열고 있었다

옥상일기

옥상 텃밭에 올라가면 가장 먼저 눈에 띄는 건
물을 머금은 가지잎 아래 살금살금 걷는 무당벌레

상추는 밤새 키가 크고 고추는 아직도 꽃을 맺고 있다
쑥갓은 말없이 자기 일을 한다

햇빛에 바랜 물조리개,
빗물을 받아 놓은 큰 대야
그 옆에, 작은 주먹만 한 돌멩이 하나

바람 부는 날엔 부추가 먼저 눕고
나는 늘 부추부터 안부를 묻는다

해가 기울면 고춧잎에 남은 햇살이 하나둘 지고
밤은 말없이 텃밭을 덮는다

평상에 앉아 달빛을 느끼며
귀뚜라미 소리에 깊어지는 밤의 내음을 맡는다

이제는, 매일이 고요한 날들
아무 일 없이 하루가 느리게 흐른다

이제 내가 잡고 있다

엄마와 고등어

자반고등어 한 손,
앞뒤로 노릇노릇
와—
딸의 함박웃음

물 만 밥에
자반 한 마리

엄마는
왜 대가리를 좋아할까
궁금했던
유년의 기억

이제 딸은 안다
모든 엄마들이
어두일미(魚頭一味)라는 핑계를 대며
왜 대가리를
사수하는지

딸도
엄마가 될
준비가 되었다

수천 년 내려온

자식 사랑,
고등어 한 마리가
증명해 준다

기억의 조각들이 흩어져
아이가 되어버린 엄마,
고등어 살에
집착한다

나는
엄마의 엄마가 되어
다시
고등어 대가리를
차지한다

아빠와 자전거

처음엔
등만 보였다

아빠의 어깨너머
바람이 지나갔다

얼마 지나지 않은
어느 날,
조금 오래
그의 손이
나를 붙잡고 있었다

그러다
내가
혼자 달리기 시작했고
그는
더 이상 헬멧을 챙기지 않았다

세월이 흘러
나는 자전거에 아이를 태웠다

괜찮아
넘어지지 않아
엄마가 잡고 있잖아

놓아주는 일

이별 중

바람이 분다
마른 잎들이 저마다
이별 연습을 한다

담장 아래
보랏빛 소국이
꽃잎을 내리고 있고

따스한 햇빛은
긴 의자 끝자락에만
앉아 있다

조용한 오후
누구도 오지 않았고
기다리는 이도 없다

나무들은
말없이 가지를 비우며
무거운 것들을
하나, 하나
내려놓는다

이별은
내가 가벼워지는 것이다

이사 중

방은
물건들이 떠나는 것을
지켜보고 있었다

책장이 나가고
침대 밑에 누워 있던 동전,
추억들이 하나씩 등을 돌렸다

커튼을 접고
햇살은 조용히 따라 나갔다
나는 꿈을 개며 말을 아꼈다

눈물 같은 먼지가
자욱이 따라다닐 때
바람 한 줄기
무슨 일이냐고 속삭였다

비워진 벽이
나를 바라보고 있었다
정말 가느냐고
묻는 듯이

그리고
이별의 끝은 문을 닫는 일

〈
그 순간
나도 나를 놓아주었다

빗속의 두 세계

잃어버린 것들의 반격

겹겹의 시간, 다시 스며들다

머무는 흐름, 사라지는 자리

밟히며 피어난다

버려진 적 없는 것들

굳음과 젖음 사이

기억에 남은, 이름 없는 방

느리게 걷는 별들

3부

빗속의 두 세계

장마

낙뢰가 내리꽂히고
천둥의 북소리가 도시를 뒤흔든다

겁에 질린 해는 놀라 숨어 버리고
주인 없는 대낮은 암흑으로 물든다

툭— 투둑,
먼지를 날리던 빗방울이
대지를 적시며 작은 고랑을 만든다

화가 난 듯 점점 거세지는 빗줄기
세차게 쏟아진다

적막한 거리의 소란스러운 이야기들

참새는 제 집으로 날아가고
풀벌레는 풀잎 밑에 숨고
길고양이조차 먹던 자리를 비운다

집집마다 창문을 닫고
빗소리를 모은다

서로 다른 언어들이
하나의 귀가 되어

잠시 같은 말을 듣는다

백색소음 속에 분열된 세상이
단합하는 시간

모두가 모르는 이야기를

긴 밤 내내 듣고 있다
비의 소리가 전하는
다른 세계의 이야기들을

비 오는 날의 점심

기름을 두르고
김치 반죽을 최대한 얇게 펴 준다

가장자리가 들썩이고
지글지글 소리가
팬 안에 번질 때
조심스럽게
한 번, 뒤집는다

타지 않게
눌러 주며
조금 더
바삭해지길 기다린다

냉장고 속
반쯤 마신 막걸리 한 병이
말없이
자리를 지키고 있다

텔레비전은 조용히 켜져 있고
식탁 앞
혼자 앉아
부침개를 찢어 먹는다
〈

이쯤이면
충분하다

밖에선 아직
비가 내리고

나는
고요한 오후를
입안 가득
씹고 있다

잃어버린 것들의 반격

리모컨 너 어디 있니?

침대에 눕자
리모컨이 사라졌다

왼쪽 옆구리를 더듬고
베개 밑으로 손을 넣어본다
이불 위에도 없다

손을 휘젓고
몸을 들어
다시 더듬는다

곰곰이 생각한다
어디 있지

침대 밑을 본다
며칠 전 없어진
이어폰 고무마개

벌떡 일어나
이불을 턴다

먼지가 일고
천천히
〈

가라앉는다

슬슬 화가
치밀어 오른다

그래, 필요 없어
너에게 지지 않아
너는
컨트롤 박스일 뿐

그러나
인내심은
10분도
버티지 못하고

온 집 안을 뒤엎는다
너는 없다

아마, 조금 전
택배를 받으려
문을 열었을 때

그때
고양이처럼

빠져나간 게 아닐까

이 집엔
더 이상
리모컨이 없다

하,
밥이나 먹자

밥을 푸고
냉장고 문을

가만히 연다

핸드폰 너 어디 있니?

외출을 앞두고
친구에게 전화를 걸었다

한 손으론 통화를 하며
다른 손으론
핸드폰을 찾고 있었다

소파 틈새
가방 속 오래된 적막
세면대 가장자리
냉장고 문짝까지

어디 있지?

도무지…

다시 방으로 가
침대 속
외투 주머니
신발장 문을 열어 본다

아무 데도 없다

도대체…

〈
나 지금
폰이 없어졌어
찾으면 다시 걸게

그래
찾으면 바로 해

전화를 끊는다

식탁 위에
휴대폰이
놓여 있다

겹겹이 시간, 다시 스며들다

묵은 벽

벗겨낸
벽지의 속살 위로
지나간 손길의 흔적이
남아 있다

아이의 낙서,
지운 자리마다
희미한 그림자가
머문다

한 겹, 두 겹
종이를 덧대며
틈새로 스며든 바람이
묵은 풀냄새를 흔들면
벽에 깃든 주름이
깊어진다

흘러간 목소리
감도는 발소리
손끝이 스치면
다시 피어날까

겹겹의 종이 아래
잊힌 목소리들이

〈
햇살이 들면
방 안에 머물던
낡은 그림자도
조용히 자리를 뜨겠지

그러나 벽은 안다
한 겹 아래
떠나지 못한 마음들이
가만히 엎드려 있다는 것을

낡은 집, 다시 숨 쉬다

낡은 문이 삐걱인다
기운 틈 사이로
오래된 숨결이 배어난다

빛바랜 시간 속
잠든 바람

지친 발목이 무겁다
걷고, 서고, 다시 굽히며
머물 틈 없이
손길을 쏟는다

늙은 집이 새 옷을 입고
묵은 시간을 벗겨낸다

먼지 쌓였던 자리 위로
맑은 바람이 머무를 때

텅 빈 집이 숨을 쉰다

햇살이
낡았던 집에
따뜻하게 물들 때
〈

기다리던 낯선 발자국들이
속속 스며들길

머무는 흐름, 사라지는 자리

흩어지고도 남는 것

가장 찬란한 빛을 내려놓을 때
물결은 멀어지지 않는다

햇살을 머금은 물방울은
땅의 부름에 스며들어
강을 떠나 바다로 향하고

가지에 피었던 꽃잎은
흙 위에 가만히 내려앉아
대지의 숨결로 녹아든다

꽉 쥐면, 흐름은 막히고
뿌리는 얕아진다
사람도 그렇다

흩어진 것들은
한때의 자리를 벗어나
다른 시간 속에서 숨을 쉰다

물길은 바다에서 하늘로 번지고
바람은 씨앗을 감싸안아
저 땅의 품으로 내린다

그러고는

어느 틈엔가
다시 피어난다

남고도 흩어지는 것

한 번 뿌리 내린 마음은
쉽게 옮겨지지 않는다

바람이 스쳐도
눈빛 하나에도
잎맥처럼 흔들리지만

되돌아갈 곳은
이미 흐려졌는데

불 꺼진 방 안
마르지 않은 말 한마디가
공기처럼 머문다

시간이 덮고 간 자리에도
그늘 하나
남는다

여긴
아직
내 계절이 남아 있다

밟히며 피어난다

꽃잔디

한 뼘 땅에도 번지는 것들
바람에 눕고도 다시 일어난다

낮은 돌담을 타고 흐르며
틈새마다 스며든 분홍빛 이야기

발길 닿는 곳마다
스미는 온기, 머무는 향기
짓눌려도 꺾이지 않는 숨결

비를 머금으면 더 짙어지고
햇살 속에 한껏 피어나는 꽃보라

한철 머물다 사라져도
낮게 엎드려 핀 꽃
뿌리 깊은 생,
흙결에 스며든다

땅 위의 별

누구는
짓밟힌다고 말하지

흙에 가장 가까운 자리,
그곳에서 피어나는 것들
지는 게 아니야

햇살이 먼저 내려앉는 건
언제나
땅을 향해 핀 꽃

비를 견디고
바람을 접으며
다시 피는 속살

발끝으로 스치는 봄
보이지 않아도
늘 거기 있던 것

땅 위의 별이었지

버려진 적 없는 것들

실뭉치

젊은 날
남편 스웨터를 뜨겠다고
호기롭게 실을 샀다

한 번도 완성해 보지 못하고
빈 가방에 넣어둔 실뭉치

세월 흐르고
남편은 수년 전
긴 여행을 떠났다

몇 번의 이삿짐을 쌀 때마다
무심한 재회를 했던 실뭉치

게으르고 망설이다
못 버렸던,

어느 날 문득
버리자 작정하고
꺼내어 보니

탄탄하고 싱싱한 너
대나무 바늘 벗 삼아
〈

늙은 가방 속에서
30여 년의 세월을 지켜냈다

고단했던 나의 삶을 지켜보고
둘만의 추억을 둥글게 감아쥐고

내게 버려진 듯
버려지지 못한 채

옷장 한구석을 지키고 있는
아직 버리지 못한
이후로도 버리지 못할 웬수

가장 오래된 먼 친구
나의 유품 같은 실뭉치

그늘에서

햇빛이 닿지 않는 곳에도
오래도록 살아 있는 것들이 있다

너의 옷장 안,
말라버린 화분 곁
잎 하나가
내가 있던 자리를 향해
고개를 들고 있었다

말없이 오래 품어 온 마음이
햇살을 피한 채
거기 있었다

잊히지 않는 숨결은
그 자리를 지키고

나는 떠났지만
너는 알고 있었을 거야,
끝난 게 아니었다는 걸

세월은 많은 걸 데려갔지만
어떤 마음은
더 단단해지기도 하더라
〈

말하지 못한 사랑이
늦게라도 피어나
너의 조용한 하루를
천천히 물들였다

굳음과 젖음 사이 ────────

콘크리트

흙과 물로 태어난
회색의 살결

콘크리트는
뿌리 없으니
흙의 향도 없고
물의 기억도 없이

철근 오면, 묶이고
망치의 울림에 멍들고

굳으면 굳을수록
더 이상 움직이지 못하는 생

한때는 바람을 닮은 모래였고
햇살 아래
말랑하게 웃던 진흙이었건만

오늘도 도시의 바닥마다
무표정한 얼굴로
콘크리트 블록이 눕는다

누구의 발자국도
남기지 않은 채

숨의 바닥

나는 종종
길 끝에서 사라진다

무너진 파랑이
가장 낮은 곳에
쏟아지는 저녁

남겨진 것들이
내게 스며든다

발목은 빠지고
햇살은 멈춘다

나는 늘 젖어 있었고
굳지 않은 쪽을 택했다

다시 돌아온 건
마르지 못한 것들

게의 발자국 하나,
조개의 반쯤 다문 입

고요 속에 껴 있는
작은 움직임

〈
세상은 나를 더럽다 했지만
나는 안다

생은 가장 낮은 데서
말없이 움직인다는 걸

그날 이후
나로부터
새 한 마리가
날아올랐다

기억에 남은 이름 없는 방

불륜

이미 남의 사랑인 당신을 보며
찬 바람 부는 벌판에서
두 팔 벌려
내 가슴의 열을 식혔다

어둠 속에서 피어난 꽃,
생기 없는 꽃잎은
붉은 그림자를 떨구고
하나둘
바닥에 스러졌다

당신을 사랑한 날부터 외로웠고
당신이 떠날 때
외로움도 함께 떠났다
그렇게 믿었다

당신이 그리운 게 아니라
그때의 외로움이 그리워서
쓸쓸했던 사랑을 다시 불러와
짧은 장면처럼
밤마다 틀어본다

남은 기억으로
하루를 버티고

그리고
하나, 둘 떠나보낸다

세월의 숫자와 함께
조용히 지워질 그 사랑

이별 없는 이별

내 눈 속에서
살던 그대는 없습니다

눈물에 휩쓸려
사라질까 봐
내가 먼저
그대를 밀어냈습니다

조용히 떠나주었지만
그대가 나를 떠난 것도
내가 그대를 떠난 것도
아니었다는 걸,
우리는 알고 있습니다

보지 않는다고
잊히는 건 아닙니다
보지 않기에
더 또렷이 남아 있습니다

세상의 잣대에서 벗어나
비난의 기척에서도 멀어진 곳—

그대를 위해
나는 작은 방 하나를

지었습니다

그곳에서 당신은
끝내 내가 되지 못한 나로
조용히 앉아 있습니다

그 방은
다시, 이름 없이 피는
금지된 사랑의 에덴입니다

느리게 걷는 별들

달팽이는 목적 없이 걷는 게 아니다

달팽이는
별을 보고 걷는다

푸른 달을 지나
먼 별나라에 닿아
그곳의 주민이 되기를 꿈꾼다

느리게 걷는 건
지치지 않기 위해서다
등껍질만큼의 시간 속을 지나며
삶을 조용히 덜어낸다

빛바랜 별가에
작은 발자국 하나

나보다 먼저 다녀간 이가
다시 길을 나섰을 것이다

마음이 바빠진다
어서 가서
자리 펴고
친구를 부르리라

출발선에서

나는 아직
달빛 아래
움직이지 않는 달팽이다

어디로 가야 할지
몰라서가 아니라
그 길의 적막이
나를 먼저 알아본 탓이다

먼 별을 향해
친구는 이미
작은 떨림을 남겼고

나는
등껍질 속에서
날숨 하나를 접는다

멈춘 것과
머무는 건
다르다는 걸
내 몸은 이미 알고 있다

아직은 용기 없는 나의 마음이
빛도 닿지 않는 쪽으로

아주 천천히
젖어가고 있었다

같은 꽃, 다른 걸음

붙잡은 손, 물려진 마음

기다리는 눈동자

창을 닦는 시간

묶음의 들판

눈보다 먼저, 너보다 늦게

묘생 유전

달의 안과 밖

잠시 머문 흔적

계절의 손을 잡고

4부

같은 꽃, 다른 걸음

환한 길을 밟고

팔공산에 벚꽃 터질 때
섬진강엔 벚굴이 핀다

경상도와 전라도를 품은 산과
두 물길이 만나는 강 사이에서

꽃잎 밟고
벚굴을 불러낸다

딱딱한 껍데기 속
보얀 속살의
비릿한 행적

짠 놈과 단 놈,
반가워 두 손 잡고
빙글빙글 돌며 춤출 때

벚굴도 웃으며
바다를 삼키고
강을 토해낸다

섬진강,
경계라 불리던 이름을 벗고
가로지른 두 땅을 적신다

〈
바다와 강이 하나 되듯
우리도 손잡고

팔공산에 꽃눈 펑펑 내리는 날
소복이 쌓인 환한 길을 밟고
벚굴 만나러
섬진강 가자

가지 않음에 대하여

꽃잎은
먼 데서부터
날아왔다

벚굴을 안다고 했지
나는 그 말에
오래 묻힌
바다 하나를 꺼냈다

짠 것과 단 것,
그 어울림 속에서
너는 빛났고
나는 물비늘 너머로
침묵을 흘렸다

경계라 불리던 강이
하나가 될 수 있다면
우리는 왜
이렇게 오래
서로의 끝에만
서 있었을까

너는 내게
길을 내밀었지만

나는 이미
돌아가는 법을
잊은 사람

그날 이후
팔공산에 꽃이
펑펑 내려도
나는
너의 발자국 쪽으로
지지 않았다

붙잡은 손, 물려진 마음

엄마의 유산

표정 없는 사람들이 있는데
없는 것도 맞다

수액과 바늘을 들고
문을 노크한다

천장 위,
뿌연 어둠이 떠돈다

한 사람뿐인 방
두 사람, 혹은
더 많은 이들

그들은 방 주인을 찾았지만
나와 관계가 있다

엄마는 내게
혈맥으로 흐르는
유산을 남겼다

잡초 무성한 길
누가 내 등을 민다
가기 싫어
몸이 버틴다

그러나 길이
먼저 다가온다

세상과 우주를 넘나든다
투명해졌다가
불투명해진다
그렇게 오가며
말없이 소통한다

징과 꽹과리 소리
앞이 보이지 않는다
폭포처럼 쏟아지는 눈물
범벅이 되어
거부할 수 없는 길
뛴다, 또 뛴다

딸만은 비껴가길
기도하고,
또 기도한다

믿음으로

끝까지 버텼다
그분의 손을 놓지 않았다

침묵하는 병실
들리지 않아도
그분은 곁에 계셨다

숨이 닿지 않는 순간
나는 무릎 꿇었다
모든 것을 내려놓을 때
작은 빛이 들어왔다

유산처럼 남겨진 고통
내 안에서 자라던 의심도
결국, 믿음으로 이겨냈다

엄마는 끝까지 나를 잡았고
나는 끝까지
그분을 붙들었다

이 믿음을
내 딸에게도 물려주고 싶다
세상의 끝에서도
길을 잃지 않도록

기다리는 눈동자

우사의 우정

한낮,
옆집 우사에
사람들이 모여 있었다

배가 불룩한 어미소는
안절부절못한 채
별 아래 그림자를
흔들고 있었다

어린 내 눈에도
무언가 다급하다는 걸
알 수 있었다

주인아저씨가
소의 몸 깊숙이 손을 넣어
무언가를 꺼내려
애쓰는 모습이
무서워서
두 손으로 눈을 가렸는데

그 순간
주르륵—
세상으로 쏟아진 송아지와
눈이 마주쳤다

〈
처음 세상을 본
눈동자에 내가 비쳤다

그날 이후,
유치원 가는 길마다
축사에 들러
작은 머리를 쓰다듬었다

초등학교 1학년 무렵
송아지는 훌쩍 컸고
나는 여전히 작았다

그날도 축사에 기대어
말을 걸고 있던 내게
주인아저씨가 말했다

"얘는 항상
여기 있는 게 아니야
네가 올 시간에만 나와
널 기다리는 거야"

우사의 빈자리

언제부턴가
옆집 우사엔
바람만 드나들었다

학교 가는 길
텅 빈 축사 앞에서
신발 끝으로
흙을 밀었다

코끝에 머물던 입김
손을 핥던 혀
햇살 속에
흩어졌다

아무도
말해주지 않았다

하루 두 번
껌벅이며 나를 기다리던
눈동자가
어디로 갔는지

나는 여전히
시간에 맞춰

그 자리를 지나갔다

울음은 바람에 섞였고
발자국은
지워졌지만

빈 우리 한쪽엔
아직도 그 눈동자가
내게
귀 기울이는 듯했다

창을 닦는 시간

유리창 일기

아침이 알람을 깨운다
보글보글 국 끓는 소리
젓가락의 낮은 대화
숨결 같은 기침 소리
누군가 창문을 연다

햇살이 커튼을 건드리고
고양이 발자국은
베란다를 지난다
딸랑딸랑 두부 소리
바람이 나목과 대화한다

오토바이 굉음
뻥튀기 외침
낙조는 유리에 기대고
유리창은 하얗게 숨 쉰다
초겨울이 문턱을 넘는다

며칠의 이야기
투명하게 쌓여 있다
유리를 닦아야
일기장이 넘어간다

하루 한 장
조용히 빛에 젖는다

물비늘의 창

새벽을 쓸어 담는다
씻기지 않은 그릇 같은 말들
달력 위 눌어붙은
어정쩡한 약속 하나

서랍 끝에 감춰둔
그날의 눈물
젖은 눈빛처럼
기억이 창문을 두드린다

스르르 맺히는 물기
비가 하루를 쏟다
번진 필체처럼
너 없는 이야기로

가끔, 유리를 닦는다
한 해의 먼지와
너 없는 계절들
걸레에 스며든다

그러면 창은 투명해지고
시간은 조용히
한 장씩
넘겨진다

묶음의 들판

씨앗은 아무 말도 하지 않는다

비와 흙은
오래된 침묵이다

초겨울,
한 줌의 어둠 아래
씨앗은 입을 꼭 다문다

눈 내음을
천천히 들이키며
꽃은 아직
말을 아낀다

흙은 향기로 말을 건다
봄비는
그 향에 젖는다

이제 깨어날 시간이야
속삭이며
흙은 듣는다
눈뜨는 소리를

촉수는 땅을 밀어내고
하늘을 더듬는다
〈

시간은
숨결 속에서 자란다

햇빛이 인사를 건네면
구름은 커튼을 내리고
바람은 걸음마를 가르친다

모두의 손끝에서
피어난 들꽃 하나
묶음의 들판에
이름을 건다

들꽃이 본 세상

나는
한때 씨앗이었다

깊게 잠긴
흙의 품 안에서
아무것도 묻지 않았다

흙은 나를 밀어 올렸고
비는 뺨을 어루만졌고
햇빛은 자주
말 없는 온기를 보냈다

나는
듣는 일이 많았다
구름이 흘러가는 법,
바람이
나뭇잎의 울음을 삼키는 밤까지

세상은
늘 먼저 와 있었고
나는 늘
한참 뒤에 피었다

누군가는

밟고 지나갔고
누군가는
그저 스쳐갔다

가끔,
한 목소리가
내게 말을 걸었다

그 순간
나는 비로소
들꽃이 되었다

나는
높이 피지 않는다
다만
곁에 기대어 자란다

뿌리는 기억으로 남고
꽃잎은
다정한 침묵이 된다

눈보다 먼저, 너보다 늦게

추억은 눈보다 먼저 녹는다

눈이 오면
우리는 작은 추억부터 굴렸다

연탄재 위에 얹힌
첫 눈덩이 하나가
몸집을 키우고 웃음을 입었다

나뭇가지 두 개, 말 없는 눈을 만들고
얼어붙은 입술엔
붉은 열매처럼 입이 달렸다

하얀 방패 뒤에서 서툰 전쟁을 벌였고
눈은 가끔 울음을 닮아 아팠다

흩날리며 불러도
아이는 창문을 닫는다

아스팔트 위 염화칼슘의 홍수,
기억은 배수구 쪽으로 쓸려가고
발자국도 남지 않는다

눈사람 하나 세우지 못한 시간들이
소리 없이 겨울을 견디고 있다
〈

이제, 눈 오는 날은
풍경화를 감상하는 날

아이들에게
눈은 배달이 늦는 날이다

창가로 다가온 풍경

첫눈이 내린다
하늘은 온통
회색의 점점들

풍경은
숨을 고르기 시작했다

낮은 골목,
붉은 벽돌 담장 위로
소복이 내려앉은 침묵

흰 날갯짓 같은 기쁨이
가슴께를 스치고

퇴근 후 만날
작은 카페의 창가,
우리 자리

네가 먼저 도착해
손을 녹이고 있겠지

따뜻한 라떼,
김 서린 유리창,
문을 열면 울리는 종소리

이미 내 마음 안엔
전부 와 있었다

우리가 앉았던
창밖 벤치에도
눈이 차곡차곡
쌓이고 있겠지

세상이 천천히 움직이는 날
사랑은
더 또렷이 드러나는 법

치킨 포장을 싣고
오토바이 시동을 켠다

눈이 소복한 골목,
작은 한숨
그 애틋한 적막을
밀고 나간다

묘생유전

간택된 자의 일기
- 고양이 집사를 위한 변명

고양이는 키우는 게 아니다
고양이에게 길들여지는 것이다, 흑!

쉿, 숨 쉬지 마
봄이 물 마신다
심기 거슬리면
세상이 얼어붙는다

스트레스는
방광부터 온다
소변은 기적이다
하루만 참아도
잔고는 절벽

심심하신 주인님
집사는
정중히,
즐겁게
모셔야 한다

어스름한 봄밤
쉰 목소리에 이끌려
골목에서 간택당했다

첫날밤
두부 모래 위
맛동산 세 개

아침마다 감자 농사
비료는 내 지갑

우리의 묘묘한 관계
사랑으로 위장된
가스라이팅

정체불명의 털뭉치
발톱을 깎아 드린다

내 티셔츠를 섭취하신 그분
토사물을 유도하려
병원 예약을 건다

아후ㅡ
이제 네 이름은
봄이 아니다

너의 이름은
돈이다

집사의 사용설명서
- 고양이 봄이 씀

사랑으로 위장된 가스라이팅 끝엔,
항상 한 마리의 고양이가 있다

밥은 하루 세 번
물은 정수기 직수만 가능

화장실 청소는
내가 돌아선 그 순간
기다렸다 오면
모래 위에
발도장 하나 남겨드림

놀이는 옵션이 아님
내가 심심할 때
그게 예의다

소파는 스크래처
옷장은 내 침대
식탁은 조망대다
고양이법엔 어긋나지 않는다

토사물은
구르밍의 산물
청소하라옹ㅡ
〈

묘생유전,
간택과 조련의 미학
음하하ー옹

지금, 이 순간
우 생 순

내가 귀엽다구?

홍. 좋아,
오늘도 너를
용서하노라

달의 안과 밖

달 속

상현달
은빛 껍질을 두른 채
한 생을
품고 있다

노란 심장은
잠들지 않은 채
달 속에서
고요히 출렁인다

꿈틀대는 씨앗 하나,
세상의 기척에
귀를 기울이고 있다

언젠가는 깨어날
밤의 둥근 조각—
빛보다 먼저,
한 생이 먼저

달 밖

껍질을 뚫고 나온 빛,
한 점의 생이
숨처럼 번졌다

어둠은
더 이상 숨길 수 없었다

노란 떨림이
밤을 깨운다

젖은 울음이
세상의 귀에
닿는다

어미의 숨결이
가만히
감싼다

태어남은
침묵의 껍질을
벗는 일

작은 부리로
세상을 쪼아댄다

잠시 머문 흔적

나는 강물이었다

나는 강물이었다
흘러가야만
스스로인 존재

돌과 풀,
햇살과 그늘을
가만히 받아들이며
천천히 굽이쳤다

때때로
바람 불어

네가 스칠 때마다
살얼음 같은 떨림 하나
부서지듯 일었다

어느 햇살 따뜻하던 날
돌 틈에 잠시 숨었을 때
너도 내 위에
가만히 앉았었다

아무 말 없이
같은 온기에
잠겨 있었다

〈
다시 흐르며
고요를 남기고
떠났다

그날,
내 안 깊은 곳에
가라앉은 너의 무늬 하나
아직, 물결처럼
흐르고 있다

나는 바람이었다

나는 바람이었다
멈출 수 없다는 건
끝내 머물지 않는 일이었다

언제나
너의 곁을
지나갔다

풀잎 하나를
조용히 스치고

강물 위에
음반의 골처럼
파형 같은 무늬로
마음을 전했다

그렇게
지나갈 수밖에 없을 때
너는 흘러갔다

아무도 몰랐지만
우리 사이에는
보이지 않는 선율이
늘 머물렀다

〈
어느 날
햇살이 깊고
네가 돌 틈에 머물던 순간

나도 멈추고
너 위에
살며시 앉았었다

그날,
나는 한 생의
짧은 만남이자
가장 긴 기억을
품고 있다

그리고
다시
불어야만 했다

계절의 손을 잡고

봄날을 지나며

나는 점점
투명해지고 있었다

당신의 눈에도
아이들의 대화에도
내 이름은
저녁 햇살에 스러지는 먼지 같았다

가까운 듯 멀어진
지난 계절의 숨결처럼

사랑도 젊음도
손가락 사이로
흘러내리는 것이란 걸

이제야
비로소 안다

그래서 나는
스스로를 놓아주기로 했다

무너진 뒤에도 다시 피는
봄날처럼
〈

흩어지는 것도
하나의 꽃이라는 것을

가을빛에 기대서

저녁 바람은 서늘하고
손등의 주름은 깊어간다

한때는
쏟아지는 빛마저
움켜쥘 수 있을 것 같았다

이제는
놓아야 사랑인 걸 안다

당신 곁을 흐른 봄빛을
나는 조용히 받았다

넘어지듯 꺾이기보다
서로를 기대며
천천히 저물고 싶다

같은 강을 건너듯
약한 곳을 함께 들어주는 일

가을은 스스로를
기꺼이 허문다

낙엽이 져도
뿌리는 더 깊어지는 것처럼